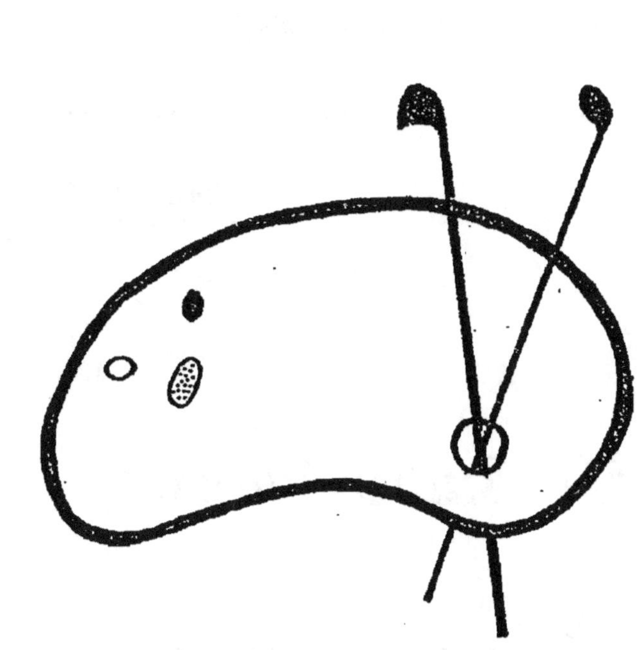

DEBUT D'UNE SERIE DE DOCUMENTS
EN COULEUR

QUESTIONS DE SOCIOLOGIE

Henri LORIN

L'Idée Individualiste

et

l'Idée Chrétienne

Etude sur le fondement du droit chrétien

BLOUD & Cie

S. et R. 568

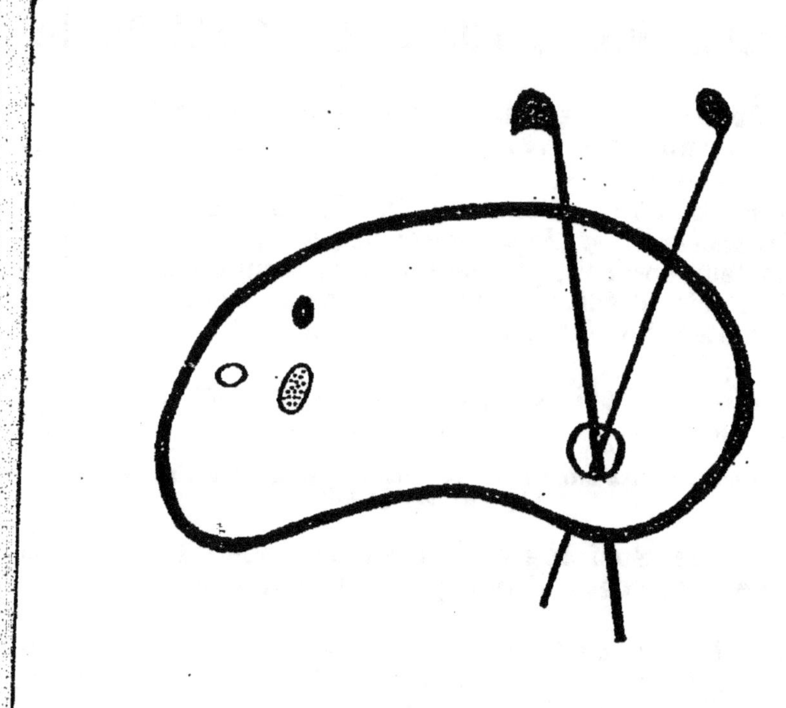

**FIN D'UNE SERIE DE DOCUMENTS
EN COULEUR**

L'Idée individualiste

et

l'Idée chrétienne

DANS LA MÊME COLLECTION

L'Idée individualiste

et

l'Idée chrétienne

Étude sur le fondement du droit chrétien.

PAR

Henri LORIN

PARIS

LIBRAIRIE BLOUD ET Cie

7, PLACE SAINT-SULPICE, 7

1 ET 3, RUE FÉROU — 6, RUE DU CANIVET

1910

L'Idée individualiste
et l'Idée chrétienne

Etude sur le fondement du droit chrétien.

Durant le cours du XIXe siècle, à la vue des symptômes d'agitation qui se manifestaient dans le monde du travail et du malaise auxquels aboutissait un régime économique constitué en dehors de toute influence des idées chrétiennes et même à leur encontre directe, une même préoccupation se fit jour chez les catholiques de différents pays : celle de rechercher ce que requérait relativement aux rapports humains, la notion de l'homme, telle que la fournit avec précision le dogme catholique. Ces recherches, qui avaient toutes pour point de départ la même conception métaphysique et pour guide la même lumière théologique, devaient amener leurs auteurs à un ensemble de convictions commu- nes qui à des dates diverses s'affirmèrent avec des accents propres et des résonnances variées en Allemagne, en Autriche, en Belgique, en Hollande, en Espagne, en France, en Italie, en Suisse et qui trouvèrent leur expression concertée dans les travaux de l'Union Catholique d'études sociales de Fribourg (1883-1891). Longtemps avant avaient retenti en Allemagne les prédications de Mgr de Ketteler sur la signification et la portée du droit de propriété, et les démarches du Cardinal Manning, à l'occasion de la grande grève des dockers anglais, venaient alors d'attester le droit imprescriptible de chaque être humain à la subsistance vitale. A ces travaux, à ces prédications, à ces démarches, l'encyclique *Rerum novarum* a donné une confirmation définitive : elle a fourni une base fixe et une orientation immuable aux revendications catholiques dans l'ordre économique et social.

L'institution des Semaines Sociales marque actuellement un des modes d'effort des chrétiens, résolus à aller de l'avant sous l'inspiration de cette doctrine et dans le sens de cette orientation avec un esprit d'inébranlable fidélité au représentant visible de celui qui est la voie, la vérité et la vie, et d'attachement désintéressé à la cause de ceux dont le régime économique compromet la dignité d'enfants de Dieu et réduit l'existence à l'état de misère imméritée. Aussi les Semaines Sociales se font-elles écho d'un pays à l'autre, qu'il soit latin, slave ou germanique. Elles sont partout une protestation motivée contre la conception individualiste qui implique la méconnaissance des solidarités concrètes, sape la notion de fraternité humaine en ruinant celle de la paternité divine, son origine réelle et son fondement logique, fausse l'idée de droit (1) en la détachant de l'idée de devoir, son point de départ et sa raison d'être.

(1) Droit et devoir sont ici, pris parmi les hommes, considérés au point de vue relatif, et non au point de vue ontologique et absolu. A celui-ci, c'est le droit qui précède le devoir. Le droit divin prime nos devoirs et nos droits et Dieu n'est pas soumis aux devoirs.

I. — Conséquences de l'abandon
des principes sociaux du catholicisme.

S'il était nécessaire de justifier par devant nous-mêmes et par devant l'opinion l'œuvre d'enseignement qui nous rassemble aujourd'hui, les faits sociaux qui se déroulent et s'accumulent tous les ans plus précis et plus démonstratifs, fourniraient à notre pensée des sujets de méditation de plus en plus amples et graves, à notre action pédagogique des raisons de plus en plus décisives de s'exercer ; car les événements projettent, dans toutes les sphères de la vie, une éclatante lumière sur les conséquences de l'abandon des principes sociaux du catholicisme.

Nous vivons au milieu d'une société dont les chefs entendent donner comme épigraphe aux lois par lesquelles ils réalisent ses désirs, satisfont ses besoins, interprètent sa volonté, le cri de l'éternelle révolte : *non serviam.* Et cette société est asservie à toutes les craintes du présent, à toutes les incertitudes de l'avenir. Nous assistons à une révolution morale qui remet en question toutes les notions essentielles à la vie et à l'ordre de cette société.

L'anarchie des opinions, le conflit profond des doctrines, l'opposition des intérêts matériels, l'atomisation sociale, la formation de blocs erratiques dont les hommes qui les composent semblent n'être ni du même temps ni du même pays, la disparition d'une foi commune en des destinées communes, l'absence de sentiments communs pour l'accomplissement d'un devoir commun, produisent dans l'esprit public un malaise singulier. Ce malaise se manifeste par le manque de certitude dans tous les ordres de l'activité humaine, dans l'ordre de la pensée comme dans l'ordre de l'action. Il semble qu'une critique impitoyable ait ravagé tous les principes certains de vie intérieure, brisé l'élan spontané des consciences, éteint l'enthousiasme nécessaire aux grandes entreprises qui assurent l'avenir des individus comme des nations. Car, si l'incertitude morale use les hommes et l'incertitude politique les pouvoirs, l'incertitude sociale use les peuples.

Nous sommes aujourd'hui les témoins de ce spectacle fréquent : quand, sous la poussée d'une idée claire ou d'un intérêt légitime, l'opinion publique fait appel au législateur, le texte qui la réalise ou le règle est à peine élaboré, qu'il est déjà tenu pour lettre morte comme s'il y avait antinomie entre les conceptions des dirigeants et les aspirations de l'âme populaire, comme si encore nul principe social ne faisait contrepoids à la multitude et à la mobilité des désirs. Et de la loi on fait appel à un idéal nouveau qui est un droit en voie de devenir.

Droit chrétien et Droit individualiste.

Le christianisme était parvenu après plusieurs siècles d'action à pénétrer les consciences et à faire l'unité des esprits par l'adhésion unanime à des principes dont les conséquences morales et sociales révélèrent la clarté et imposèrent la vérité. Ces principes devinrent le fondement du droit ; la paternité divine universellement reconnue créa la fraternité spirituelle des chrétiens qui donna naissance à une société fondée sur la réciprocité des services rendus. Et les collectivités humaines ordonnées et organisées en fonction de la réalité transcendante ne s'épuisèrent plus à chercher en elles-mêmes le principe stable, parce qu'inconditionné et incontesté, sur lequel elles devraient s'appuyer pour vivre et durer, parce qu'elles respectaient en Dieu l'éternelle et suprême personnification de la justice.

L'idée de justice chrétienne élabora lentement au cours des siècles passés un droit chrétien, un corps organique de doctrines, de coutumes et de codes qui formèrent les assises fondamentales de la civilisation.

Mais une idéologie ennemie est venue nier qu'un principe spirituel fût nécessaire à la vie et à l'ordre des sociétés. Elle a prétendu délivrer les hommes du lien religieux qui les unissait les uns aux autres et chacune de ces étapes de conquête se marqua dans notre pays par une désorganisation sociale : désorganisation de la société professionnelle par la loi de 1791 ; désorganisation de la société familiale par la loi sur le divorce ; désorganisation de la société religieuse par la loi de séparation de l'Eglise et de l'Etat.

Ces lois ont eu une action pédagogique rapide et considérable. Logiciens et métaphysiciens, hommes d'action et foules ameutées vers un avenir incertain, sinon meilleur, concourent depuis plus d'un siècle, à développer les conséquences extrêmes du principe dont elles dérivent : l'individualisme.

L'absolutisme humain.

Un réveil de l'orgueil humain a détruit l'unité sociale réalisée par l'enseignement de l'Eglise. Ce réveil se produisit dans l'ordre de la pensée sous l'influence des écrivains de l'antiquité, étrangers à la notion d'un Dieu personnel, créateur et seigneur, principe et fin de tout, père, rédempteur et lumière de tous les hommes. L'intelligence humaine s'exalta peu à peu jusqu'à affirmer son indépendance à l'égard de toute autorité transcendante et sa complète autonomie, transférant ainsi l'absolu de Dieu à elle-même. Le premier acte par lequel s'effectua la mise en application de la conception absolue de l'individu fut d'établir celui-ci seul juge de la manière d'entendre et de définir ses rapports avec Dieu et les autres âmes. Ce qui équivalait à tenir pour inexistante la représentation visible de la paternité et de l'autorité divine, à rejeter la pierre d'angle de l'édifice, qui est l'expression concrète de la société des âmes. Il y avait donc méconnaissance de la nécessité d'une institution unificatrice de la société spirituelle et par suite altération de la notion de l'ordre que requiert la vie en société. Et enfin, la réduction du lien religieux à une signification purement abstraite enlevait aux conséquences de celui-ci toute portée positive et réduisait la trame du lien social en même temps qu'elle en affaiblissait le ressort tenseur.

Emanations de la raison, les idées en conservent le dynamisme logique et elles sont comme les graines qui, dès qu'elles trouvent le terrain favorable, prennent le développement conforme à leur nature.

De l'ordre de la pensée, la conception absolue du moi humain devait fatalement s'étendre à l'ordre de l'action, et la volonté de l'individu être proclamée autonome comme sa raison. On le déclarera investi, du chef seul de sa naissance, de droits en eux-mêmes inconditionnés et illimités. Dès lors sa manière de penser et d'agir ne relevant plus que de son moi, c'est à son moi exclusivement que se ramènera la fin de son activité totale et tout ce qui sera extérieur à son moi ne sera pour lui qu'instrument de sa fin. L'autonomie du moi emporte la souveraineté sur le non moi.

Le second acte de la mise en application de l'individualisme implique méconnaissance non seulement de l'autorité divine, mais de l'existence même de la réalité transcendante. Une telle mutilation de la réalité a sa répercussion dans la réalité observable. Voyons le moi autonome, imbu de son absolutisme, aux prises avec elle. Cette réalité pour lui, c'est la vie l'engageant forcément dans un milieu qui compte nécessairement comme éléments constitutifs d'autres hommes, c'est la vie le contraignant à l'action qui l'extériorise et détermine entre lui et son milieu une interdépendance que sa volonté ne peut supprimer. L'individu à l'état isolé et statique est une entité abstraite. La vie vécue heurte continuellement son autonomie à d'autres autonomies analogues qui en entravent et limitent l'épanouissement. Pour prévenir ou faire disparaître ces entraves et limitations qui constitueraient pour lui une déchéance véritable, souverain, il n'a qu'un recours, la force.

Dès que l'individu agit, autrui se manifeste à lui comme une menace pour son indépendance, une barrière à son expansion. Il est donc amené à considérer l'emploi de la force à l'égard d'autrui comme l'exercice naturel et la sanction normale de son droit de naissance et la réduction d'autres hommes au rôle d'instrument, comme l'effet inévitable de cet emploi.

Le moi n'atteint la mesure complète de l'homme qu'en se faisant par la force un *surhomme*. Il est donc entraîné à voir dans la force seule la condition, le gage et le signe de la souveraineté qui est son apanage, par suite dans la possession de la force le vrai but de l'action et dans le travail constaté comme une nécessité économique une charge dont il convient de faire peser le fardeau sur les autres transformés en instruments.

Le développement de la mentalité à laquelle conduit logiquement la conception absolutiste de l'individu, doit forcément influer sur les rapports sociaux. Dès qu'on ne tient nul compte de la réalité divine en fonction de laquelle seule les hommes sont frères en tant qu'enfants d'un père commun, formés tous à son image, dès qu'on prétend se tenir à la réalité observable dans laquelle les individus apparaissent tous différents en valeur pour les luttes de la vie, la fraternité n'est qu'un thème à vague sentimentalité, l'égalité est dépourvue de base, n'est plus qu'un mot ne répondant à rien de précis ni d'effectif et ne peut avoir que des applications fictives ou illusoires. Dès que la force est le seul arbitre, la liberté est comprise par les plus forts comme une domination exercée et connue des plus faibles sous la forme d'une sujétion subie dont ils aspirent à intervertir le sens. Dès que l'homme est, de fait, regardé comme susceptible de devenir l'instrument d'un plus fort, le travail n'est plus, dans la série des opérations productives, qu'un facteur servile soumis à l'empire du capital qui l'emploie à son avantage.

Ainsi la méconnaissance de la réalité divine a des conséquences de fait qui contredisent aux requêtes de la conscience et aux aspirations profondes de l'âme. La négation du lien de l'homme avec Dieu aboutit à celle du lien des hommes entre eux et même à celle du fait des solidarités naturelles dans lesquelles la vie les engage. De la déification de la raison à l'apothéose de la force, de l'absolutisme de l'homme à son rabaissement au niveau de la matière, tel est est le processus logique de l'individualisme tel qu'il s'est déroulé au cours de l'histoire.

Une des plus lumineuses intelligences de l'antiquité a fait tenir dans un passage célèbre la loi essentielle qui régit les rapports des hommes entre eux. « La question de droit, disent les Athéniens, ne se résout qu'à égalité de force ou de contrainte ; c'est le *possible* que déterminent les plus forts et qu'acceptent les plus faibles (1). Nous ne demandons, nous ne faisons rien qui ne soit d'accord avec les idées religieuses admises parmi les hommes, et avec ce que chacun réclame pour lui-même. Nous pensons, en effet, d'accord avec la tradition divine et l'évidence, que la puissance humaine n'a jamais eu d'autre principe que la loi naturelle de la force. Cette loi, ce n'est pas nous qui l'avons faite, ni qui en avons usé les premiers ; nous l'avons trouvée établie et nous la transmettons après nous parce qu'elle est éternelle ; aussi nous en profitons, sachant bien que vous et d'autres vous feriez de même si vous aviez notre puissance. » (Thucydide, ch. 105.)

On n'a jamais démontré avec une dialectique plus claire, plus sincère, plus hardie, que dans la pensée païenne le sage était le fort.

L'action de l'Evangile a opéré la transmutation de ces valeurs antiques en faisant pénétrer peu à peu l'esprit de justice dans le monde. Mais,

---

(1) Thucydide, l. V, chap. 89.

à différentes époques, par voie d'infiltration lente ou par irruption soudaine, le paganisme, déification de la nature, a remis son empreinte sur les instincts, les sentiments, les idées purifiés, exhaussés, ennoblis par le christianisme. La résurrection du droit romain au moyen âge, la Renaissance de l'esprit grec au xvi siècle postulaient la souveraineté de l'individu sur ses semblables et sur la matière et nous pouvons noter dans notre histoire la concomitance de ces deux faits : la croissance de l'absolutisme despotique dans l'Etat est en raison directe de la décroissance du christianisme dans les âmes.

L'individualisme a trouvé son expression complète dans la philosophie du xviii siècle. Formulée par quelques hommes, elle est une lente élaboration séculaire qui marque le triomphe du droit païen sur le droit chrétien, la victoire des légistes devenus philosophes, l'omnipotence de la raison appuyée sur la force. Dieu ôté et les principes spirituels, qui constituent la réalité et la solidité du lien social, éliminés, la loi humaine émanant des opinions relatives et soumises à l'équilibre instable des intérêts changeants, aboutit à un despotisme éclairé, despotisme d'un seul ou despotisme collectif, qui assume la charge de tenir juxtaposées les cellules du corps social, de faire fonctionner et durer une société qui a sa fin en elle-même.

L'individualisme au XIXe siècle.

Pour se rendre compte des effets nocifs de la doctrine de l'individualisme, il suffit de se remémorer l'histoire de ses développements au xɪxᵉ siècle et de dégager des faits et des idées ses aboutissements logiques, dans l'ordre politique, juridique, économique et social.

Dans l'ordre politique, l'individualisme a inauguré l'ère des révolutions sans fin, par lesquels l'individu souverain, seul juge de ses droits, les revendique jusqu'aux limites absolues de sa puissance, afin de réaliser sa fin propre « le bonheur », qui n'est plus qu'un concept obscur, instable, variable d'époque à époque et de pays à pays, depuis que la recherche n'en est plus déterminée par un but transcendant et d'un prix infini, mais par l'appât de jouissances terrestres.

Ce n'est pas au nom de la justice qu'il peut faire valoir ses droits, parce que cette notion suppose un rapport des individus reliés entre eux par un troisième terme inconditionné et incontesté, norme immuable de l'équité, Dieu, et qu'il l'a vidée de son contenu métaphysique et par suite de toute son efficacité sociale. Il fait donc appel à la force, car son droit n'est pas l'équité, mais un pouvoir, une domination arbitraire s'exerçant sur les personnes et sur les choses.

La première mise en œuvre de cette conception du droit s'exprima par les mots liberté, égalité, fraternité, et l'on dut les imposer par la violence à des hommes qui n'en percevaient plus la vertu sociale, parce qu'ils ne les puisaient qu'à la source des philosophes qui en avaient tari le sens chrétien.

La liberté est le synonyme révolutionnaire de la souveraineté de l'individu, la proclamation de l'indépendance de l'homme vis-à-vis de son prochain qu'il n'est plus tenu de servir. Historiquement elle a abouti, dans l'ordre politique, au sacre de la volonté du plus fort, au césarisme exercé tantôt par une convention, tantôt par une oligarchie, tantôt par un seul ; dans l'ordre économique, elle a frappé la formule célèbre « laisser faire, laisser passer » qui marque l'avènement du règne de la matière, la domination du riche sur le pauvre sans recours, sans appel, au nom de la loi d'airain de la concurrence qui sélectionne les forts et élimine les faibles. Dans l'ordre social, d'une part, cette conception de la liberté a exaspéré jusqu'à l'anarchie les volontés individuelles, d'autre part, elle a détruit tous les groupements formés par le développement de la vie.

« L'égalité devant la loi » elle-même n'est une réalité que pour le plus fort et elle est une illusion pour le plus faible. La fraternité n'est que la transposition politique de la sensibilité romanesque du XVIIIe siècle. Sans fondement religieux, elle est sans efficacité sociale.

Une société privée de son idéal transcendant, et constituée sur de tels principes, se serait disloquée, désagrégée en poussière d'individus. si une force matérielle, l'intérêt, n'était venue former des groupements nouveaux que l'énergie de la lutte pour la conquête de la prépondérance politique, économique et sociale tiendra, non plus unis ni même juxtaposés, mais arcboutés l'un contre l'autre.

La lutte des classes eut à l'origine, dès les premières applications de la doctrine individualiste, un caractère purement politique. Le Tiers-État, la bourgeoisie, durant un demi-siècle conquit, perdit et reconquit le pouvoir au nom des principes de 1789. Les constitutions révolutionnaires de 1791, de l'an III et de l'an VII lui avaient donné l'influence en proportionnant les droits politiques à la richesse. La révolution victorieuse de 1830 l'installa au pouvoir où elle légiféra en fonction de ses intérêts matériels. Mais, par-dessous la fiction du pays légal, la grande industrie procréa une foule d'hommes qui vint en nombre, un jour, interroger : « Qu'est-ce que la liberté, si elle n'est pas le moyen d'assurer à tous les citoyens le développement de l'intelligence et de la vie morale, le bien-être et la libre disposition de leurs instruments de travail ? Un vain mot qui cache de dures réalités, l'exploitation du faible par le fort. Qu'est-ce que l'égalité si elle ne conduit pas à effacer dans la société la division en deux classes : les capitalistes et les travailleurs, les oisifs volontaires qui n'ont pas besoin de travailler pour vivre, et les oisifs malgré eux qui n'ont pas le droit de mal vivre, même en demandant à travailler beaucoup ? Qu'est-ce que « l'égalité devant la loi » si elle ne devient pas par la loi, par la série des lois successives, une égalité sociale ? La fraternité n'est qu'une mystification officielle si elle n'a pas en elle-même la vertu de mettre fin au conflit anarchique des doctrines et des intérêts qui divisent le corps social. »

En 1848, le quatrième Etat représentant le prolétariat fit la conquête du suffrage universel. Ce fut l'entrée du peuple dans les avenues du pouvoir au nom de la force. La Révolution avait, cette fois, un caractère social. Le nombre s'insurgeait contre la prépondérance de l'argent et la prétention de la richesse à gouverner la société.

L'égalité du droit de suffrage entre tous les membres d'un groupe social pour l'établissement des règles communes, auxquelles ils ont à se conformer et la formation de l'organe directeur, auquel ils ont à obéir, n'est pas un corollaire nécessaire de l'égale dignité de la substance humaine chez tous les hommes ; mais elle n'a ni base logique, ni raison d'être en dehors de cette égalité que le christianisme a le premier proclamé et est seul à attester comme vérité essentielle et fondamentale.

En soi d'ailleurs l'admission de tous les citoyens au suffrage ne contredit pas à l'affirmation solennelle du christianisme que toute puissance en l'homme émane de Dieu, que la valeur impérative des lois et le droit du gouvernement viennent du Créateur qui a fondé la nécessité des uns et des autres et qui, s'il a fixé la norme de toute justice, a, sauf pour la société familiale, laissé la détermination de leurs modalités à l'invention des hommes, sans spécification desquels.

Seulement, l'empreinte des doctrines individualistes, qui continuaient à dominer les esprits, se retrouve dans la mise en application du suffrage universel et dans l'organisation de son fonctionnement. Application incomplète du reste, car l'intervention de chaque citoyen ne peut s'exercer que par intervalle, d'une façon fragmentaire, confuse, incertaine, par un intermédiaire général qui, constitutionnellement, a le caractère non d'un délégué ou d'un mandataire, mais celui d'un souverain à temps dont les décisions sont sans contrôle. Si le gage du droit politique a cessé d'être un risque matériel, comme le capital, la sanction des lois n'appartient pas aux citoyens, dont aucun n'a sur aucune question la garantie de pouvoir se prononcer avec précision et efficacité. Enfin, jusqu'à la loi de 1884, aucune réforme n'a été apportée dans la cité professionnelle ; la fixation des conditions du travail des salariés est restée exclusivement dans le domaine des contrats individuels.

Dans l'ordre juridique, l'individualisme a trouvé son expression adéquate dans le code civil qui est, en quelque sorte, la constitution de la souveraineté absolue du *moi* sur les choses. Envisageant le rattachement d'une chose à un individu, uniquement par rapport à la position qu'elle a dans le processus de la vie économique, indépendamment de toute causalité et finalité humaine, il fait de la propriété un pouvoir absolu, toujours semblable à lui-même, quelles que soient la destination sociale de l'objet sur lequel il porte et la part d'effort personnel déployé par celui qui l'exerce. « La propriété est le droit de jouir et de disposer des choses, de la manière la plus absolue, pourvu qu'on n'en fasse pas un usage prohibé par les lois ou les règlements. » Ainsi le propriétaire a la faculté d'abuser de ses biens au gré de son caprice, de les détourner de l'usage auquel ils sont destinés, par exemple, de transformer des champs de culture en terrain de chasse, de faire du sol un objet de spécula- tion, de supprimer des forêts utiles à la salu- brité d'un pays ou à la conservation du régime des eaux. Il est au regard du code sans obliga- tions et sans charges sociales.

La propriété qui, au point de vue chrétien, quand elle n'est pas effet du travail et affirmation de la personnalité humaine, se rapporte au bien commun comme support de la société familiale, instrument de production économique, gage d'un service social, devient, au point de vue juridique, faculté de jouissance exclusivement personnelle, au point de vue économique, dispense de travail, et au point de vue social, possibilité de sinécure. Mais le droit, détaché de la fin qui est sa raison d'être et du devoir qui en définit l'exercice, est l'expression d'une légalité, variable avec les modalités de la force d'où elle émane.

Rédigé par des propriétaires pour des propriétaires, le Code civil définit, réglemente et protège la propriété dans 890 articles, tandis qu'elle ignore à peu près complètement le travail. Sept articles composent toute la législation ouvrière au lendemain du jour où le travail vient d'être désorganisé par la Révolution.

Cette législation est complétée par les dispositions du Code pénal dont trois articles interdisent aux ouvriers toute coalition sous forme de grève ou de syndicat ; mais les patrons ont le droit de s'assembler dans les Chambres de commerce.

C'est donc le Code civil qui divise la société issue de la Révolution en deux classes : les propriétaires et les non propriétaires. L'une est barricadée derrière ses droits, sans réciprocité de devoirs. L'autre n'existe pas au regard du Code puisqu'elle ne possède pas.

C'est pourquoi à dater du jour où la grande industrie aura formé un prolétariat qui prendra d'une part conscience de l'infériorité de sa situation légale, d'autre part de sa puissance numérique, la guerre civile sourde ou déclarée commencera. Et c'est ce qui est advenu moins de cinquante ans après la rédaction du Code civil. Le Code civil explique et conditionne toute l'histoire sociale de la France depuis un siècle ; elle n'est qu'un effort ininterrompu de « la classe la plus nombreuse et la plus pauvre » en vue de conquérir, au nom de la dignité humaine méconnue par les légistes de 1804, la plénitude des droits politiques et un ensemble de garanties légales pour son travail professionnel.

Dans l'ordre économique, l'individualisme a conduit à l'exaltation des signes matériels du triomphe de la force. La négation d'un principe supérieur qui règle les rapports humains, la méconnaissance du fait de la solidarité, la conception du travail, comme simple facteur de production et comme œuvre servile rejetée sur les épaules de ceux que l'on domine, la pratique du salariat, sous le régime de la liberté absolue du contrat, ont abouti à la constitution du capitalisme, puissance matérielle, anonyme, impersonnelle, irresponsable, pratiquant toutes les formes nouvelles de l'usure dans le monde du travail, comme un droit de guerre. *Ibi jus belli ; ibi jus usuræ,* a dit saint Ambroise au sujet du peuple hébreu à qui la loi ancienne permettait l'usure à l'égard des étrangers. De cet état de choses deux classes ennemies sont issues parce que la force et non la justice préside aux arrangements sociaux et à l'organisation de l'activité humaine.

Dans l'ordre social, l'individualisme a abouti à l'apologie de la force dans les idées et dans les faits. Métaphysiciens, logiciens, praticiens de l'action directe, tendent au même but : la conquête du pouvoir. Au nom de quel principe un pouvoir issu de la violence peut-il s'opposer à la violence ? Violer la loi tout seul, c'est un délit, à mille, une émeute, à cent mille, une révolution qui, si elle est victorieuse, crée un droit nouveau légitime puisqu'il émane d'individus non moins souverains que ceux qui naguère punissaient la violation de la loi par un seul.

Une partie du prolétariat, développant jusqu'à ses limites les conséquences du droit individualiste, s'organise pour dénoncer la fiction d'un contrat social imposé par une minorité, dont le pouvoir tire ses origines de la force, ne dure que par la force, est à la merci de la force et se prépare à dire non dans le plébiscite tacite et quotidien qu'est un peuple dans l'histoire.

Le monde social, dit un des militants de l'action directe, repose uniquement sur la force : il vit de la force et il porte la force en lui-même. Seule la force peut le supprimer.

Le culte de la force et la pratique de la violence ont remplacé dans les esprits la superstition de 1789 et le respect bourgeois de la loi en tant qu'elle est une émanation de la raison autonome. Le sabotage des lois par les législateurs, leur inapplication par le pouvoir exécutif, l'ébranlement de l'édifice juridique par une série de lois de circonstance et de combat, qui se sont succédé pour les besoins de la politique antireligieuse, ont eu une portée pédagogique considérable sur l'esprit public des masses ouvrières. Elles ont perdu la foi dans la sûreté et la majesté du droit. La loi n'est pour elles « l'âme profonde du commandement » qu'en tant qu'elle exprime un idéal de justice. Ce fait établi de façon incontestable par la série des événements sociaux de ce temps marque, d'une part, la révolution qui s'accomplit dans les esprits par rapport au droit individualiste et, d'autre part, divise la classe ouvrière en deux camps : les logiciens qui veulent ruiner la cité politique et sociale en déduisant les ultimes conséquences des principes sur lesquels elle est bâtie ; les réalistes — qu'on nomme provisoirement des « réformistes » — qui réfutent ces principes par l'action pédagogique du travail, puisent le sens de l'ordre dans la nécessité de gagner leur pain quotidien ; ce sont des constructeurs. Chez eux la notion de la souveraineté individuelle, dogme primordial de 1789, est remplacée peu à peu par la fonction qui, selon la loi éternelle du monde moral, engendre la notion du devoir.

Elaboration d'un droit social.

Un seul mot exprime et condense toutes leurs revendications : la justice. L'organisme constitué pour en poursuivre la réalisation s'est appelé le Syndicat, association pour la justice. Qu'il s'agisse de salaire, de durée de travail, d'avancement, ou de liberté de conscience, derrière ces questions d'ordre matériel ou spirituel, c'est toujours de dignité humaine et de justice que l'on discute. Si de ces notions on n'a plus qu'une conception variable, subjective, contestée, obscure, c'est que la société au milieu de laquelle éclatent les conflits qu'elle cause a perdu la norme transcendante de cette justice et le sens premier de cette dignité. Et c'est pourquoi les hommes sont obligés de les conquérir sur leurs semblables par la force ; guerre civile perpétuelle, tantôt sourde, tantôt déclarée, d'une société que la nécessité de vivre pousse à réintégrer le sens de ses origines et de sa fin.

Des efforts des travailleurs, est résultée une

législation ouvrière arrachée bribe à bribe à « la classe des propriétaires » et enregistrant les principes nouveaux après de longues batailles d'idées livrées dans l'opinion publique. C'est ainsi qu'ils ont fait accepter le principe et le fait de l'organisation professionnelle, le rétablissement de l'idée d'obligation dans les lois sociales qui est la réfutation du dogme de la bonté originelle de l'homme proclamé en 1789. Leurs idées sur la manière d'assurer la participation de tous les intéressés à la vie, à l'ordre, au gouvernement d'un groupe social se manifestent par la pratique du referendum, procédé de dénombrement en fonction d'une question précise et déterminée. Cette méthode de statistique réaliste exclut les fictions, les sophismes, les abstractions, les paroles vaines, les promesses illusoires, les spéculations hasardées sur des hommes qui ne sont pas cautionnés par les services rendus à la profession et par la compétence acquise et reconnue ; elle exclut enfin tout ce qui ne pèse rien devant la nécessité de gagner dignement son pain quotidien.

Un code du travail s'élabore, contraire à l'esprit du Code civil ; un droit social tend à se substituer au droit individualiste. Il jaillit de la mêlée des hommes vivant dans la réalité et non dans la fiction et fait émerger du fond de leur conscience les rapports de justice établis entre les hommes par la communauté de leur origine et de leur fin. Il est social en tant qu'il ne considère plus les individus comme de petits univers tirant d'eux-mêmes leur propre loi de gravitation et s'ignorant les uns les autres. De ce droit on cherche les formules dans la rumeur de l'usine, dans le tumulte de la rue, sur les champs de bataille économique, au sein des syndicats. L'histoire de ce droit ouvrier reproduit le processus de toutes les conquêtes du pouvoir. En tant qu'il est le résultat d'une lutte contre la bourgeoisie qui abandonne peu à peu quelques-unes de ses prérogatives, il est une législation de classe comme le Code de 1804 ; il est un droit conquis qui se fonde sur la force, car l'idée de justice n'est qu'une figure nouvelle de la force et un facteur de révolutions incessantes, si on ne l'admet point comme un principe transcendant inconditionné et incontesté parce qu'il est éternel.

Ce droit nouveau n'est *social*, n'est juste, que dans la mesure où il emprunte au christianisme, consciemment ou non, ses principes d'action.

II. — Le christianisme adéquation à la vie individuelle et sociale.

Il existe un ordre de choses invisible qui agit en nous, se manifeste à notre intelligence, détermine notre volonté, coordonne nos pensées, multiplie nos désirs. Notre bien suprême est de tendre à comprendre, à aimer, à reproduire dans notre conscience l'image de cette réalité transcendante que nous nommons Dieu. De cette réalité la raison, sans doute, doit suffire à nous faire connaître avec certitude qu'elle est, mais pour connaître plus intimement ce qu'elle est, pour connaître aussi ce qu'elle a daigné vouloir que les hommes fussent par rapport à elle et fussent les uns par rapport aux autres, pour pénétrer notre conscience et notre vie de sa lumière et de son action, il faut de sa part une grâce, et de la nôtre un acte de foi que la grâce inspire et soutient. Et quoique cet ordre soit transcendant, néanmoins comme dans le plan divin tout se tient, comme nous ne pouvons actuellement réaliser un équilibre purement naturel et humain, l'ordre terrestre lui-même est indéchiffrable et insoluble sans ce mot divin de l'énigme humaine : c'est ainsi que la réalité, accessible à l'entendement, est éclairée par cet acte de foi qui la dépasse. Nous nous installons dans des certitudes auxquelles ne conduisent point les hypothèses scientifiques ; nous atteignons la paix intérieure que ne donne point la constance des lois que notre esprit découvre dans les choses. Et notre foi, par la grâce qui la fait durer et par son action même, vérifie ses fondements pour y adhérer davantage.

Le monde visible tire une nouvelle valeur d'un univers invisible et spirituel, sources de clartés illuminatrices. Les dogmes de la Création, de la Chute originelle, de l'Incarnation, de la Rédemption, de l'Institution de l'Eglise fixent avec précision l'homme sur ce qu'il est, sur son origine et sa fin, donnent à sa vie un sens certain et un prix infini, le placent dans une cosmogonie sociale, définissent ses rapports avec l'Etre divin et les créatures, déterminent les concepts sur lesquels les hommes construisent les cités qu'ils doivent habiter.

Le christianisme place l'homme au milieu de la réalité objective en lui livrant l'explication première et dernière du monde dans lequel est inséré le mystère de la vie.

Devant ce mystère, il n'y a jamais eu que trois attitudes humaines. Tantôt indifférent au secret de son être, il erre sans but ni fin, venant il ne sait d'où, allant n'importe où ; il s'enferme dans une résignation passive devant l'inexplicable et meurt dans le cercle étroit où s'assouvissent les désirs de sa conscience invertébrée.

Tantôt il épuise la série des *comment* dans des essais d'explication mécanique du monde, hypothèses subtiles d'un mouvement d'horlogerie dont il est spectateur et non partie intégrante et qui n'apportent jamais la réponse définitive à la question de savoir qui l'a mis en mouvement et pour qui il marque l'heure.

Tantôt l'intelligence humaine, comme un prisme qui tourne, interprète la série des pourquoi qui se déroulent dans le temps et dans l'espace ; elle perçoit le mouvement des choses qui vivent, mais de l'origine et de l'essence de la vie, elle aboutit le plus souvent à se voiler à elle-même ce qu'elle aurait la possibilité d'en saisir.

De cette investigation résultent les systèmes métaphysiques qui furent parfois de puissants instruments de pensée, c'est-à-dire de recherche, recherche légitime et salutaire dans la mesure où elle prépare l'homme à comprendre que sa destinée n'est pas uniquement de ce monde et qu'il a besoin de concours et de lumières pour s'orienter vers une fin qu'il ne réussit à définir ni à atteindre par ses seules forces, recherche dangereuse et même funeste chaque fois qu'elle tend à tarir l'inquiétude de l'au-delà, à pénétrer la pensée d'une sorte de suffisance orgueilleuse. Mais quelles qu'aient été les prétentions des systèmes métaphysiques à une suffisance définitive, on n'en a pas encore vu qui soient devenus une croyance générale. Ceux qui, au cours de l'histoire, ont réuni le plus d'adeptes parce qu'ils se sont élevés jusqu'au solidarisme universel, ont laissé ceux-ci dans une résignation sans joie, parce que sur le solidarisme stoïcien pèse le joug de la nécessité et de la fatalité. Le bonheur passionné de croire, de comprendre et d'aimer était réservé aux chrétiens. Une exaltation intérieure produite par l'intelligence des causes et des fins pour lesquelles l'homme a été créé, marque la différence entre l'impassibilité de l'un, conscient de son impuissance, et l'activité de l'autre, confiant dans l'intervention de la prière.

Le christianisme est une métaphysique de pensée et à la fois d'action, en tant qu'elle exige de l'homme un mouvement constant vers un objet dont la connaissance et la possession sont requises pour entretenir et accroître son être, pour arriver à la vie complète, éternelle.

Pour un être spirituel, vivre c'est agir selon un plan. Pour réaliser ce plan, pour vivre toute la plénitude de ses puissances, il faut une doctrine de vie, c'est-à-dire un système de fins claires et hautes. Et afin qu'elles sollicitent perpétuellement l'effort nécessaire pour les atteindre, il faut qu'elles soient d'un autre ordre que celles qui résultent mécaniquement de la contingence des lois de la nature. Pour agir, il faut une méthode d'action, c'est-à-dire une classification, des mobiles et un code des moyens en fonction du point de départ et du point d'arrivée. Le christianisme fixe l'un et l'autre. En révélant à l'homme ses origines divines, il donne impulsion et direction à sa volonté ; en lui assignant comme fin le royaume de Dieu, il met en jeu sa liberté constamment obligée d'opter entre les routes de salut et de perdition. Et l'idéal transcendant qu'il lui propose ne lui permet d'obtenir l'équilibre du vouloir et du pouvoir qu'au terme de sa vie, bonheur parfait auquel il aspire.

Si la science partant d'hypothèses aboutit à des lois, sans y chercher aucune finalité et sans se demander quelle répercussion elles pourront avoir sur les destinées humaines, si elle n'offre à l'imagination que des combinaisons conditionnées qui se font et se défont sans ordre et sans but, la religion, du point de vue humain, a pour objet la destinée personnelle. Cependant, la conscience individuelle ne sert pas seulement de théâtre aux inquiétudes de l'âme de tout homme venant en ce monde. Si, d'après les philosophes individualistes, chaque volonté se suffit à elle-même pour agir et persévérer dans sa bonté originelle, dans le christianisme, c'est du rapport avec l'être divin, rapport de similitude et plus précisément encore d'adoption que l'être humain tire sa valeur et sa signification, et que résulte un rapport d'équivalence entre les hommes.

Tu aimeras Dieu par-dessus tout et ton prochain comme toi-même (1).

Ainsi donc, les dogmes fournissent une métaphysique et une sociologie au moyen desquelles l'homme se situe dans l'univers, se comprend, s'oriente et interprète dans un langage de mouvement les concepts des relations sociales.

L'être humain ne vit pas à l'état d'isolement ; il a besoin pour se développer de la présence d'éléments humains dans son milieu. Or, en agissant, il modifie son milieu et change ainsi les circonstances dans lesquelles ont à agir les hommes qui en font partie : nécessité pour chaque homme d'un prochain et entre les hommes, de relations mutuelles ; entre les individus, que les diverses manifestations de la vie insèrent dans un même milieu, interdépendance inévitable des activités, voilà ce que nous enseigne l'Observation et ce à quoi se limite son enseignement ; c'est en ce fait et en ce fait seul que consiste la solidarité humaine.

____

(1) Chrétien voulant vivre en chrétien, on cherche simplement à approfondir l'enseignement donné par l'Eglise, enseignement qui promulgue et comprend la loi naturelle. On est donc bien éloigné de la pensée de mettre en question l'existence du droit naturel rationnel et la possibilité d'en tirer une métaphysique.

Le moi vivant est un tout indivisible, une unité active qui ne se fractionne pas en éléments isolables et susceptibles d'agir indépendamment l'un de l'autre. Tout acte qu'il accomplit, toute répercussion qu'il subit, l'intéressent dans sa totalité, tel qu'il est dans la réalité concrète, comportant un ensemble de dispositions internes morales, intellectuelles et physiques, et engagé dans un réseau de solidarités déterminées, spirituelles et matérielles. Chaque acte humain est donc corrélatif et expressif de la façon dont son auteur se prononce à l'endroit du problème essentiel que la vie impose à tous. Toute discipline, qui traite des actes humains, implique en se constituant une réponse à ces questions, réponse pour laquelle la réalité observable ne fournit pas de données et qui, qu'elle qu'en soit la forme, positive ou négative, constitue un postulat d'ordre métaphysique. Ce postulat, les hommes fermés aux clartés de la foi le forment à la lumière et à la mesure de leur intelligence. Les Catholiques n'ont qu'à être conséquents avec eux-mêmes et conscients de la doctrine à laquelle ils sont attachés, pour être certains de tenir de leur religion, et de ne tenir que d'elle, l'exacte et complète solution du problème essentiel, d'être des réalistes en même temps que des fidèles dans la pleine acception de ces deux termes, en professant que les principes fondamentaux et l'orientation directrice de toute discipline traitant des actes humains sont dans les vérités doctrinales que l'Eglise proclame et dans les préceptes positifs qu'elle enseigne, qui définissent comment l'activité humaine est subordonnée à la réalité transcendante.

Il y a le fait que tous les hommes ont en Dieu leur Père commun et leur fin dernière, qu'ils sont formés à son image et à sa ressemblance et que, dans le déploiement de leur activité, la mise en marche et la direction ressortent à leur volonté ; que le Créateur a donné au premier homme mission d'agir, mandat de soumettre la terre et tout ce qu'elle contient, consigne de conformer sa volonté à la sienne ; qu'en même temps qu'il l'instituait collaborateur de son action, il l'établissait participant des privilèges et du bonheur divins.

Il y a le fait que le premier homme a rejeté la permanence de cette collaboration et perdu la jouissance de cette participation, en prétendant, par une désobéissance formelle à Dieu, établir la souveraineté de son pouvoir ; que tous les êtres humains se trouvent déchus de la puissance et de la félicité surnaturelles ; que leurs volontés et leurs intelligences gardent de la déviation originelle des tendances à l'absolutisme du moi, qui pousse chacun à méconnaître chez lui et chez les autres le lien de filiation avec le Créateur, à traiter le prochain en instrument et à mettre la fin suprême de ses actes exclusivement dans les choses terrestres ; qu'ils ne peuvent maintenir le caractère et le but commun assignés à leurs actions, que si en eux-mêmes les poussées spontanées de l'animalité sont maîtrisées et si les divisions et les divergences naturellement prêtes à surgir entre des activités portées à chercher chacune ici-bas sa fin propre et particulière sont empêchées ; qu'ils ne peuvent remplir la mission d'assujettir la matière qu'au moyen d'une lutte continue contre ses résistances et au prix d'efforts pénibles.

Il y a le fait que le Christ a, par son Incarnation, réhabilité la substance humaine et l'a, par sa Passion, réintégrée dans sa pleine dignité ; qu'en vertu de la Rédemption, tous les hommes sont relevés de la condamnation à l'exclusion perpétuelle de la vie divine, entraînée par le péché originel, et appelés à être les cohéritiers du Christ ; que chacun est certain de trouver l'aide du Médiateur et de bénéficier des promesses divines, s'il manifeste une bonne volonté réelle, c'est-à-dire s'il conforme sa volonté à celle de Dieu ; que c'est en préservant leur dignité contre la suprématie de leurs appétits, en s'efforçant de réaliser de plus en plus manifestement autour d'eux la fraternité et d'étendre la domination humaine sur la matière, qu'ils développeront la portée de leur collaboration à l'œuvre de Dieu et acquerront un titre à devenir les associés de sa gloire.

Il y a le fait que le Christ a établi l'apôtre Pierre et ses continuateurs successifs comme la pierre d'angle de l'institution vivante, qui est l'Eglise, destinée à perpétuer son action et à répandre sur toutes les générations les bienfaits de la Rédemption, qu'il a institué le Pape comme son Vicaire dans l'exercice de l'universelle paternité, comme le héraut infaillible des réalités surnaturelles ; que celui-ci est donc le garant direct de la fraternité humaine, le porte-parole de l'équité suprême, le centre pour l'unification des vouloirs humains ; condition nécessaire d'ordre, de paix et d'application de la justice au sein des sociétés humaines.

Agir, c'est s'extérioriser, se mouvoir. La prérogative qui caractérise l'être humain est chez lui le sceau de la ressemblance avec son Créateur, lui confère une valeur propre, c'est d'être agent libre, c'est que, quand il agit, le branle et la tendance du mouvement émanent de sa volonté, qu'il a rôle de cause efficiente, qu'il est l'auteur propre et immédiat de son acte. Mais des tendances ne sont comparables entre elles que rapportées à une direction extérieure, fixe et constante, qui détermine leur sens.

Un acte humain ne se définit et ne se mesure, et l'homme ne peut prendre conscience de la ligne formée par les tendances de ses actes successifs, qu'en fonction de la direction déterminée par la fin dernière que le Créateur a assignée à tous les hommes. Un acte est droit s'il est dans la voie du Seigneur, il ne l'est pas, s'il s'en écarte. Le droit est ainsi le qualificatif d'un mouvement ; il n'est ni le point de départ, ni le point d'arrivée, ni le haut ni le bas d'un plan incliné sur lequel le vouloir humain déroule les tendances de sa raison, de ses passions, de ses instincts. Comme le mouvement même, il ne tire de soi ni son origine, ni sa fin, il n'est que par la vertu du moteur initial et par la fixité éternelle de l'orientation. Le droit, ce n'est pas quelque chose de statique qui réside dans le moi, qui soit pour lui un apanage. De la notion de droit, le moi peut avoir des conceptions diverses ; il n'en est pas l'auteur : elle repose sur un postulat métaphysique ; elle implique une règle fixe, inconditionnée, commune à tous les hommes et promulguée dans la conscience de chacun d'eux ; elle implique en outre une fin commune à atteindre ; *le droit* (1) marque la direction de la volonté dans la réalisation de sa fin conformément à la règle : c'est un chemin qui va sans déviation d'un principe à un principe, de Dieu à l'homme, de l'homme à l'homme, de l'homme à Dieu.

(1) Le droit, pris au sens objectif, sert à désigner la loi ou l'ensemble des lois, mais il désigne en outre l'objet de la loi et, dans ce cas, il est l'équivalent du juste. Pris au sens subjectif, le droit signifie la faculté morale inviolable de faire ou d'exiger une chose. Il est ici question du droit objectif.

Comme le droit, *le progrès* est une notion de mouvement réglé, l'action d'un principe certain projetant la volonté vers un idéal défini. Son essence, sa vertu propre réside non dans les résultats produits, mais dans l'action nécessaire pour le réaliser.

C'est par l'action que s'affirme la dignité, que se concrète la valeur de la personne humaine ; c'est par l'action que sa volonté s'établit dans le droit.

Du fait de la fraternité des hommes, *tous investis par Dieu du libre arbitre,* résultent entre leurs activités similitude de caractère essentiel et communauté de fin suprême. C'est donc par l'action que la fraternité prend une signification concrète, et trouve un mode d'actualisation (1). Les rapports entre les hommes ne sont conformes au plan divin, et ceux-ci ne demeurent frères qu'autant que, pour chacun, la poursuite de la fin commune est à l'abri de toute entrave, et qu'en chacun, dans le jeu solidaire de leurs activités, la prérogative d'agent libre est respectée. Dans la mesure où un pacte entre deux individus entraînerait lésion de celle-ci chez l'un d'entre eux, il y aurait pour lui réduction à l'état d'instrumentalité.

---

(1) La fraternité, telle qu'elle est ici définie et entendue, bien loin de mettre en question l'existence des inégalités humaines qui est un fait naturel, et l'existence des diverses autorités sociales qui est une nécessité établie par Dieu, comporte une différentiation résultant du déploiement d'activités inégales.

La méconnaissance de la fraternité humaine, en même temps qu'elle implique logiquement la négation de Dieu père commun, constitue pratiquement du matérialisme appliqué.

La justice, expression des rapports humains ajustés au plan divin est la réalisation de la fraternité ; la fraternité réalisée, c'est chacune des personnes humaines sauvegardée dans son mouvement vers la fin qu'a assignée le Créateur, et dans le caractère d'agent raisonnable et libre, qu'il a semblablement dévolu à toutes ; la fraternité réalisée, c'est le droit particulier de chacun également respecté. Le fondement de la justice, c'est l'*œquum*.

Les Cardinaux dans la prière liturgique qu'ils récitent quand ils se trouvent réunis en Congrégation pour collaborer au gouvernement de l'Eglise, demandent au Saint-Esprit qui aime la suprême équité, *de ne pas les laisser devenir par leurs décisions les perturbateurs de la justice.*

L'inévitable diversité des dispositions naturelles chez les êtres humains et la divergence fatale des inclinations égoïstes, survivance en chacun du péché originel, font qu'entre les individus, insérés dans un même milieu et rendus ainsi spécialement solidaires par les circonstances de la vie, l'unification des volontés, indispensable à l'ordre que requiert entre les activités la poursuite d'un but commun, ne se produit pas spontanément.

L'ordre, sans lequel une société humaine se désagrège, ou devient, si elle est de celles auxquelles donnent naissance les solidarités inévitables de la vie, un champ d'exploitation humaine ou de lutte entre des forces diverses, exige une organisation des activités qui implique un régime d'appropriation du domaine terrestre donné par Dieu comme une avance indivise à l'universalité du genre humain, des règles positives déterminant l'adaptation des principes immuables aux contingences de temps et de lieu, enfin un pouvoir ayant autorité pour faire observer ces règles, au besoin par la contrainte.

De même que dans le plan divin, il appartient au moi humain d'ordonner sa propre activité à la norme divinement posée, de même il incombe à l'intervention humaine de procéder à ces organisations, d'édifier ces régimes, d'instituer ces règles, de désigner ces pouvoirs, sur la base de la justice, dans le but de sauvegarder le droit de chacun à poursuivre sa fin divine et en vue du progrès individuel et collectif.

De même que, remis par Dieu entre les mains de son conseil, l'individu, par la décision qu'il prend, se place dans le juste ou dans l'injuste, mais ne crée pas le juste ; de même, quand les hommes contractent, légifèrent, ordonnent, ils ne créent pas le juste ; ils le déterminent et l'appliquent bien ou mal.

L'autorité n'est pas une situation ; elle est une mission, elle est une fonction. Aucun homme n'a de lui-même et immédiatement qualité pour commander à ses frères. Dieu seul a, de son essence même, le droit absolu de commander ; tout autre pouvoir vient de lui, doit s'exercer en vue d'une fin conforme à ses desseins. En fondant la nécessité du pouvoir humain, il délègue à celui-ci une charge ; l'intention divine marque au pouvoir ses devoirs en même temps qu'elle lui confère ses droits. Dès lors, le titre direct du pouvoir à être obéi est d'accomplir sa fin, et sa fin est toujours une fin sociale, ordonnée par Dieu pour le bien des hommes. C'est de la conformité des lois au vouloir divin et aux principes supérieurs qu'il a posés, que les lois tirent leur caractère obligatoire ; la force, qui en impose l'application, n'a pas prise sur les consciences elles-mêmes. L'autorité tire de Dieu son origine, son prestige, sa vigueur vraie.

L'autorité de l'homme sur les biens terrestres, la propriété, n'est pas non plus une situation, elle est une mission, elle est une fonction, Dieu seul, de par son essence même, est propriétaire des choses créées ; tout droit humain de propriété vient de lui et doit s'exercer en vue d'une fin conforme à ses desseins. Dieu, en fondant la nécessité d'un régime d'appropriation des biens naturels, délègue une charge à ceux dont le jeu de ce régime fait des propriétaires : et ce régime a pour but le maintien du rôle que Dieu a donné à la terre d'être la pourvoyeuse universelle, la sauvegarde de la dignité d'auteur qu'il a conféré à l'agent humain, la garantie de l'efficacité du travail humain qu'il a fait seul cause efficiente de production. La Force, qui impose le respect d'une propriété gérée contrairement aux intentions du Créateur, ne trouve pas de justification directe devant la conscience formée par le christianisme. La propriété tire de Dieu son origine, son prestige, sa vigueur vraie.

Le progrès, c'est l'adaptation de plus en plus grande des contingences humaines au principe de l'équivalence fraternelle par l'effort des volontés au fur et à mesure qu'elles perçoivent plus clairement la corrélation qui existe entre ce principe et le bien commun. C'est l'intégration dans les lois positives des données transcendantes par lesquelles diminue l'écart entre le fait humain et l'idéal divin. Le progrès est une résultante, une convergence d'efforts par un principe pour atteindre une fin, fin individuelle ou fin collective.

L'action par laquelle se manifeste la dignité de la personne humaine, s'actualise la fraternité, se définit l'égalité, se réalise le droit, s'accomplit le progrès, requiert d'avoir son développement ordonné par une règle positive et subordonnée à une autorité constituée. La mesure dans laquelle l'individu intervient personnellement comme cause dans la confection de cette loi, dans l'établissement de cette autorité, est la mesure dans laquelle il est l'auteur des conditions de son activité : c'est celle de sa liberté au point de vue social ; car l'idée de liberté est corrélative de l'idée de causalité, et la liberté n'est pas un point fixe mais un rayonnement progressif. La métaphysique ainsi constituée par les dogmes est génératrice d'une régie d'action, dont l'enseignement positif de l'Eglise fournit l'expression précise : règle d'action qui comprend et la loi naturelle telle qu'elle est exactement définie dans le langage théologique et les exigences de la réalité surnaturelle.

Les livres saints s'ouvrent par la proclamation de la loi universelle du travail personnel. Dieu donne à l'homme l'empire du reste de la création et la mission de travailler. Et après la chute, s'adressant à Adam comme au représentant de chacun de ses descendants, il dit : « *in laboribus ex ea (terra maledicta) comedes in cunctis diebus vitæ, in sudore vultus tui vesceris pane.* » La terre ne livrera plus d'elle-même immédiatement aucun des objets utiles à l'entretien de l'homme ; il faudra, pour adapter à leur fin humaine les ressources naturelles, une opération médiatrice de production qui entraînera pour son auteur usure et dépense de force vitale : *in sudore vultus.* L'effort personnel lui sera nécessaire pour approprier les moyens de subsistance, *vesceris,* tels que la vie humaine les postule, *pane.*

Cette sentence confirme la prérogative dont Dieu a investi l'activité humaine, en exprime la conséquence, montre dans le travail humain la seule cause efficiente de production et rattache le résultat du travail à son auteur, comme l'effet à la cause.

Elle met en pleine lumière la portée du *fiat* humain dont les suites ne s'éteignent pas avec son auteur, mais sont ressenties par les descendants de celui-ci comme s'il se continuait en leurs personnes. D'où résulte que le lien qui rattache à lui les effets extérieurs de ses actes persiste vis-à-vis d'elles.

Le Décalogue, dans lequel se trouve formulée la loi naturelle, promulgue à nouveau la loi du travail et la fait apparaître comme le corollaire de l'adoration due à Dieu et la condition de son règne. Le but suprême de l'homme, en travaillant, doit être d'accomplir la volonté de Dieu et d'arriver par cette collaboration à la participation de sa gloire. Voilà ce qu'est destinée à rappeler la prescription relative au septième jour, par l'interruption des opérations que comportent pour les hommes le devoir de conserver leur vie et la mission de soumettre la terre à leur empire, par la trêve mise à la poursuite des fins intermédiaires que ce devoir et cette mission impliquent, par la consécration spéciale de cette journée à la manifestation du lien de la filiation de l'homme avec Dieu et par suite à une explicitation de la fraternité des hommes, de leur communauté d'origine, de fin, de dignité.

Le précepte qui institue la hiérarchie et l'autorité dans la société familiale est regardé dans toute la tradition comme définissant les obligations réciproques, au sein de chaque société, de ceux qui pour l'ordre ont mission de commander et de ceux qui sont appelés à obéir.

La règle d'action pour l'homme est de conformer sa volonté à la volonté divine. Son devoir consiste à rester droit dans la voie du Seigneur. Ce qu'il doit à Dieu fonde et détermine ses rapports avec les créatures, en particulier ce qu'il doit à la personne humaine, faite à l'image et à la ressemblance divines, c'est-à-dire à lui-même et à ses semblables. Le Décalogue énonce des devoirs ; les droits à l'égard d'autrui en ressortent en vertu de la réciprocité qu'implique entre les hommes la fraternité. Tout droit humain, comme tout devoir humain, a pour origines et pour fin l'accomplissement du vouloir divin.

Les préceptes judiciaires qui avec les préceptes cérémoniels figuratifs de l'état d'attente du peuple de Dieu et abolis par la venue du Messie complètent les préceptes moraux dans la législation de Moïse, avaient un caractère national. Si, à cause de ce caractère, ils sont devenus caducs dans la nouvelle alliance dont l'extension est universelle, ils n'en conservent pas moins l'autorité pédagogique d'une œuvre inspirée et la valeur exemplaire d'une application certaine des préceptes moraux ; les diverses prescriptions, qui sont autant de négations directes de la thèse individualiste du libre contrat, tendent à garantir la dignité de l'agent humain, à empêcher toute usurpation de la prérogative dévolue à l'activité humaine d'être cause efficiente de production, à maintenir à la matière son caractère instrumental, à conserver à la terre son rôle de pourvoyeuse de la subsistance de tous, à assurer la continuité de la famille par la stabilité du foyer et la perpétuité du domaine, à prévenir la formation, à abréger la durée, à atténuer la portée des inégalités économiques menaçantes pour la pratique régulière de la fraternité, à maintenir ainsi égaux parmi les Hébreux les droits de l'activité et les effets de l'hérédité.

En effet, l'interdiction du prêt à l'intérêt, c'est l'empêchement pour l'individu de faire sien le fruit de l'industrie d'autrui, le résultat d'un effort dans lequel il n'y a rien de sa personne. La défense pour les possesseurs de terres de faire la récolte l'année sabbatique, où il leur est interdit de les cultiver, de tailler les arbres, c'est l'empêchement pour l'individu de s'arroger l'usage exclusif de provenances naturelles. Les limitations quantitatives et qualitatives mises au pouvoir des propriétaires par les institutions du Septennat et du Jubilé, barrières aux manœuvres de l'égoïsme et démentis aux prétentions de l'absolutisme, rendent impossible à tout riche d'accroître indéfiniment ses domaines et de faire de sa richesse un moyen d'exploitation d'autrui.

Les préceptes du Décalogue se trouvent promulgués à nouveau quand le Christ vient apporter sur la terre la bonne nouvelle, annoncer la paix aux hommes de bonne volonté et proclamer que sa mission est non d'abolir la loi mais de la porter à la plénitude de son épanouissement. Il la réalise non pas en créant de toutes pièces un code type et en descendant dans le détail de prescriptions minutieuses, mais en explicitant d'une manière vivante l'esprit qui doit diriger toute l'activité spirituelle et matérielle de l'homme à raison du lien qui l'attache à Dieu et par Dieu le relie au prochain, en faisant ressortir à propos de l'observation du Sabbat, la signification morale, le caractère social, et la tendance fraternelle des ordonnances religieuses; en rappelant, par sa réponse à celui qui lui demande d'intervenir dans un partage, que le plan divin confie aux hommes le soin de procéder eux-mêmes aux organisations sociales dont il crée la nécessité, mais ne communique à ces régimes l'autorité du vouloir divin que dans la mesure de leur subordination à la fin par lui assignée, en engageant les individus, non seulement à se comporter en membres loyaux des sociétés temporelles auxquelles la vie les rattache, mais à aller dans leur conduite à l'égard du prochain au delà des obligations que la loi positive leur impose et à rester en deçà des droits qu'elle leur confère, surabondance de charité destinée à corriger les imperfections inévitables, à prévenir les lacunes éventuelles, à atténuer les erreurs et les iniquités possibles d'une justice instituée par des hommes, à faire progresser la reconnaissance, par la volonté collective, du principe de fraternité et le développement de son application dans les lois.

Chez les fidèles du Christ la justice doit être plus parfaite que chez les Scribes et les Pharisiens.

La vie du Chrétien, orientée comme le commande l'Evangile par la pensée constante de son origine et de sa fin, est essentiellement action; action continue à l'abri de toute déception parce que humble et humble parce que certaine de n'avoir pas la portée créatrice réservée à l'action divine, parce que consciente des suites du péché originel, affaiblissement des forces naturelles et assujettissement de la volonté aux appétits matériels; action toujours confiante, parce que sûre de la justice de Dieu, qui nourrissant les oiseaux qui ne sèment pas, les lis qui ne filent pas, assurera à l'homme qui vaut plus, à cause de sa qualité d'agent libre, le pain qui, fruit de son travail, est le sien : *panem nostrum;* action pleine et intelligente, parce que, émancipée de l'influence de Mammon, elle n'est pas obnubilée par les inquiétudes du lendemain que développent la cupidité et l'avarice ; parce que cherchant exclusivement la justice de Dieu, elle est convaincue que la collaboration divine lui procurera le reste; action incessante parce que, détachée de la matière en ses vues, elle vise au delà de ses objectifs immédiats la fin dernière qui pendant la vie terrestre reste hors de nos atteintes; action susceptible d'extension indéfinie, parce qu'étrangère aux sollicitations de l'égoïsme, elle est tournée vers le service du prochain dans lequel la foi lui montre la condition concrète du service de Dieu ici-bas et qui, de degrés en degrés, peut trouver jusqu'à l'infini un point d'application.

Le maintien et l'exhaussement de la dignité de la substance humaine dont tous les jours à l'autel le prêtre célèbre la surnaturelle origine et la miraculeuse rénovation, la propagande de l'idée de fraternité dont la papauté est le symbole concret et son autorité la garantie, ont été l'œuvre constante de l'Eglise. Son influence s'est exercée pour faire prévaloir dans le gouvernement des sociétés comme dans celui des vies individuelles la philosophie de l'Evangile. Elle a dénoncé à ses fidèles comme péchés capitaux la paresse qui, en fuyant le travail, constitue un refus de collaboration au plan du Créateur, un mépris de ses dons, et entraîne diminution de valeur humaine ; l'avarice qui, se confinant dans la matière, constitue négation de la fin divine, arrête l'activité à la limite des besoins individuels et des fantaisies particulières. Elle s'est efforcée à amener les peuples, dont elle obtenait la confiance, à prendre dans leurs mœurs, leurs droits et leurs constitutions, l'équivalence fraternelle comme base de toutes les relations et l'idée de fonction comme génératrice du droit. Ce qui fait l'unité de son action, c'est la lutte contre l'absolutisme du moi humain sous toutes ses formes : celui de détenteur des dons de l'esprit, qui, chargé d'instruire les hommes, prétend créer le vrai plutôt que de s'y conformer ; celui de détenteur de l'autorité qui, chargé d'organiser et de conduire les hommes, prétend créer le juste plutôt que de l'appliquer ; celui du détenteur des biens naturels qui, chargé de nourrir les hommes, prétend être le maître de l'utile plutôt que son dispensateur, et faire de la propriété un instrument de jouissance exclusivement personnelle.

D'après la doctrine chrétienne, l'individu qui, du fait de vivre et d'agir, se trouve forcément inséré dans des solidarités déterminées est obligatoirement subordonné à des organisations humaines destinées à rendre l'exercice de ces solidarités conforme aux intentions providentielles, et si les régimes ainsi institués ne répondent pas à l'idée du bien commun qui les fonde et sont à l'encontre de la finalité divine qui les détermine, ils perdent avec leur raison d'être leur caractère obligatoire. Les théologiens, qui sont les interprètes de la doctrine, ont posé que l'individu est délié d'obéissance à l'égard d'une loi, soit qu'elle nuise au bien commun, soit qu'elle viole l'équité, soit qu'elle aille contre le bien divin ; dans les deux premiers cas, saint Thomas dit qu'on n'est pas tenu de l'observer, à moins que la résistance ne doive occasionner du désordre ou du scandale, circonstance qui prescrit à l'homme de céder de son droit ; dans le dernier cas, on est tenu de ne pas l'observer, parce qu'il faut obéir à Dieu plutôt qu'aux hommes.

Les théologiens déclarent que la division des biens et leurs attributions, œuvre de la volonté humaine, ne peuvent jamais enlever à la terre sa destination divinement fixée de pourvoyeuse universelle, qu'en cas d'extrême nécessité un individu a le droit, à l'encontre du régime établi de propriété, de prendre n'importe où ce qui lui est immédiatement nécessaire, qu'en ce faisant il ne fait que réintégrer à son égard le primitif vouloir divin. Il n'y a, dit saint Thomas, dans ce cas ni rapine ni vol (1).

Comme les individus diffèrent de l'un à l'autre par la façon dont ils sont doués et par la situation qu'ils trouvent en venant au monde, par le degré d'intelligence qu'ils ont de la réalité et de la maîtrise qu'ils ont d'eux-mêmes, par l'emploi qu'ils font de leur activité dans les plus diverses conditions d'existence, ils se trouvent forcément inégaux au regard des postulats de la vie temporelle, dans chaque phase de son processus ; si dans la société prévaut le principe individualiste, quand les absolutismes viennent en présence, celui qui dans l'occurrence est le plus fort impose sa volonté aux autres et le contrat qui intervient n'est que l'enregistrement de sa victoire.

Voilà pourquoi l'Eglise, gardienne de la justice, a eu pour objectif que dans les relations humaines de tous genres les volontés fussent unifiées dans le respect obligatoire d'une norme positive basée sur l'équivalence fraternelle ; que l'organisation des rapports sociaux, en sanction-

(1) Saint Thomas, II, II, 94, xvi, art. 7. Potest homo in extrema constitutus necessitate ea quæ aliis supersunt sive manifeste, sive occulte accipere aliisque alicujus furti aut rapinæ reati.

Respondeo dicendum quod ea quæ sunt juris humani non possunt derogare juri naturali vel juri divino, secundum autem naturalem ordinem ex divinâ providentiâ institutum, res inferiores sunt ordinatæ adhuc quod ex his subveniatur hominum necessitate, et *ideo per rerum divisionem et appropriationem ex jure humanó procedentem* non impeditur quin hominis necessitati sit subveniendum ex hujus modi rebus.

nant pour chaque être humain la loi fondamentale du travail, consacrât le rôle efficient de l'activité humaine dans la production, le droit propre du travailleur dans la répartition, et l'admission des sans-travail involontaires à la consommation des produits de la terre affectée par Dieu à la subsistance de tous. Si papes, conciles, docteurs, théologiens, sont unanimes à condamner l'usure qui, d'après saint Bonaventure, est : « l'accaparement de la chose d'autrui avec l'aveu du maître et sous l'apparence d'un contrat », c'est qu'ils y reconnaissent une sorte de fraude contre les volontés de la Providence, un mode de destruction du plan du Créateur, d'après lequel tous les frères humains ont le devoir de travailler et le droit de vivre de leur travail, une appropriation indue de l'industrie d'autrui, une réduction de celui qui subit l'usure à l'état d'instrument. Ils ont étudié tous les rapports économiques et formulé les règles destinées à assurer par la justice dans les contrats, par la fixation d'un juste prix, l'efficacité du travail et à sauvegarder la dignité de son auteur.

Tant que la philosophie de l'Evangile a dominé les lois et gouverné les Etats, il y.eut un droit du travail que l'Eglise, par son action sur les consciences, avait fait édifier et qu'elle faisait respecter.

Le premier qui s'éleva contre les prescriptions de l'Eglise sur l'usure et l'établissement d'un juste prix fut Calvin. L'application de sa doctrine sur le terrain des faits eut pour conséquence sociale de séparer l'économie de la religion et de supprimer la subordination des contrats humains à la justice divine. La vulgarisation de ses théories individualistes par les idéologues du xviiie siècle aboutit en France au décret du 3 octobre 1789, par lequel la Constituante déclarait légitime le prêt à intérêt et préparait ainsi l'avènement du capitalisme.

Léon XIII, dans l'encyclique *Rerum novarum*, a remis en pleine lumière la doctrine chrétienne du travail ; les conséquences du caractère personnel de sa cause, l'homme, et du caractère nécessaire de son but, la subsistance humaine ; le devoir du pouvoir de reprendre et d'exercer sa mission de *custos justi* ainsi que de reconnaître le besoin d'ordre et d'organisation des sociétés naturelles auxquelles donnent lieu les solidarités professionnelles. Il a invité les chrétiens à poursuivre la réintégration du travail dans le Droit et signalé dans les formes nouvelles de l'usure dévorante une source de la misère imméritée des travailleurs.

Conclusion.

Le christianisme coordonne l'activité de l'homme selon un ordre de causes dont nous avons essayé de faire voir l'enchaînement et lui donne une valeur sociale qui l'oriente, le règle et le multiplie. Il augmente sa puissance de vivre en rendant plus claires et plus hautes les raisons certaines d'agir. A la source de cette doctrine de l'action, il y a la foi dans une œuvre à réaliser. Chaque progrès accompli dans l'ordre de l'esprit, dans l'ordre du cœur, dans l'ordre social grandit l'homme, par rapport à lui-même, par rapport à son prochain, par rapport à Dieu. De l'unité de sa conception métaphysique de l'univers, de la certitude des règles morales qui commandent sa vie intérieure, de la constance des lois transcendantes qui disciplinent son action extérieure, jaillit l'enthousiasme qui doit garder le chrétien fidèle, ferme dans ses pensées, au milieu du désarroi des idées de son temps, persévérant dans sa ligne de conduite parce qu'il est sûr de son chemin au milieu d'une société désorganisée parce qu'elle est désorientée. Il faut que son exemple arrache cet aveu aux ennemis de sa foi. « S'il y avait de vrais chrétiens, il n'y aurait pas de question sociale. »

La vérité est une. Cette affirmation est la condition de toute science, le principe de toute action cohérente.

Et c'est pourquoi la réalité sociale et la réalité chrétienne se rejoignent toujours, quelles que soient les intentions des hommes et la malice des circonstances dans les événements dont nous sommes les témoins. C'est ainsi que le principe de justice dont le contrat de travail a été, sous la pression populaire, réintroduit dans la loi d'où l'avait exclu depuis un siècle la conception individualiste de la liberté et que la théorie mercantile et matérialiste du travail a été en partie remplacée dans la législation par le concept d'obligation morale entre les parties contractantes. C'est ainsi que l'année même où l'Etat se sépara de l'Eglise et par le même Parlement fut votée la loi sur le repos dominical. Bon gré, mal gré, et par le vouloir subconscient des travailleurs organisés, une prescription du décalogue fut imposée au législateur. Loi organique et non loi ouvrière, à proprement parler, car elle intéresse la société tout entière qui l'avait abrogée.

Gardons-nous de ne voir dans la coïncidence des faits que l'immanente ironie des choses.

Tenons-les plutôt pour les effets de causes sourdes qui travaillent dans ses profondeurs un monde, à qui la nécessité de gagner son pain quotidien impose le sens de l'ordre, et qui prétend fonder cet ordre sur la justice.

La force était le ciment des sociétés antiques ; sur l'Athènes de Périclès pesait un régime de terreur. La justice est une notion qui n'a de sens qu'en fonction de la volonté divine, et dont la valeur constructive et l'efficacité sociale ne se réalisent pleinement que dans l'enchaînement des notions chrétiennes, au milieu desquelles elle est insérée.

Les enseignements de la nécessité quotidienne amèneront infailliblement, de déception en déception, les hommes de bonne volonté à respecter le christianisme comme une adéquation à la vie individuelle et sociale ; le rôle des catholiques membres actifs de l'Eglise enseignée, dociles à l'Eglise enseignante, est de préparer l'avènement de cette vérité dans les esprits et dans les cœurs. Travaillons.

TABLE DES MATIÈRES

403-10. — Imp. des Orph.-Appr., F. BLÉTIT. 40, rue La Fontaine.

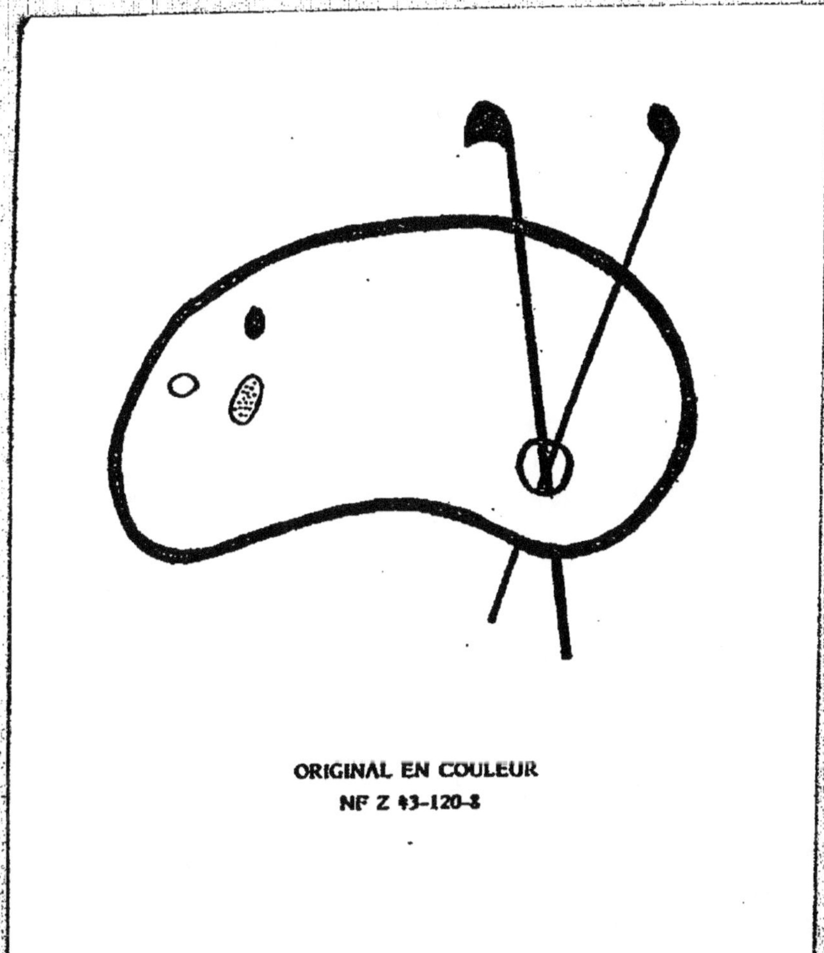ORIGINAL EN COULEUR
NF Z 43-120-8